BEI GRIN MACHT SICH IHR WISSEN BEZAHLT

AF514942

- Wir veröffentlichen Ihre Hausarbeit, Bachelor- und Masterarbeit

- Ihr eigenes eBook und Buch - weltweit in allen wichtigen Shops

- Verdienen Sie an jedem Verkauf

Jetzt bei www.GRIN.com hochladen und kostenlos publizieren

GRIN

Bibliografische Information der Deutschen Nationalbibliothek:

Die Deutsche Bibliothek verzeichnet diese Publikation in der Deutschen Nationalbibliografie; detaillierte bibliografische Daten sind im Internet über http://dnb.d-nb.de/ abrufbar.

Dieses Werk sowie alle darin enthaltenen einzelnen Beiträge und Abbildungen sind urheberrechtlich geschützt. Jede Verwertung, die nicht ausdrücklich vom Urheberrechtsschutz zugelassen ist, bedarf der vorherigen Zustimmung des Verlages. Das gilt insbesondere für Vervielfältigungen, Bearbeitungen, Übersetzungen, Mikroverfilmungen, Auswertungen durch Datenbanken und für die Einspeicherung und Verarbeitung in elektronische Systeme. Alle Rechte, auch die des auszugsweisen Nachdrucks, der fotomechanischen Wiedergabe (einschließlich Mikrokopie) sowie der Auswertung durch Datenbanken oder ähnliche Einrichtungen, vorbehalten.

Impressum:

Copyright © 2016 GRIN Verlag, Open Publishing GmbH
Druck und Bindung: Books on Demand GmbH, Norderstedt Germany
ISBN: 9783668370081

Dieses Buch bei GRIN:

http://www.grin.com/de/e-book/349963/bots-in-whatsapp-uebersicht-anwendungsfaelle-einsatz-und-schwachstellen

Timo Guenter

Bots in WhatsApp. Übersicht, Anwendungsfälle, Einsatz und Schwachstellen

GRIN Verlag

GRIN - Your knowledge has value

Der GRIN Verlag publiziert seit 1998 wissenschaftliche Arbeiten von Studenten, Hochschullehrern und anderen Akademikern als eBook und gedrucktes Buch. Die Verlagswebsite www.grin.com ist die ideale Plattform zur Veröffentlichung von Hausarbeiten, Abschlussarbeiten, wissenschaftlichen Aufsätzen, Dissertationen und Fachbüchern.

Besuchen Sie uns im Internet:

http://www.grin.com/

http://www.facebook.com/grincom

http://www.twitter.com/grin_com

Bots mit WhatsApp

Seminararbeit: Verteilte Systeme

Timo Günter
Wirtschaftsinformatik

Studiengang: Bachelor Wirtschaftsinformatik

Seminararbeit: Verteilte Systeme

Thema: Bots mit WhatsApp

Eingereicht: 09. September 2016

Mobile Informatik
DHBW Ravensburg
Campus Friedrichshafen

Inhaltsverzeichnis

Abbildungsverzeichnis

Tabellenverzeichnis

Abkürzungsverzeichnis

AI	Artificial Intelligence
A.I.M.L.	Artificial Intelligence Markup Language
A.L.I.C.E.	Artificial Linguistic Internet Computer Entity
API	Application Programming Interface
App	Application
BASIC	Beginners All-purpose Symbolic Instruction Code
BDSG	Bundesdatenschutzgesetz
CEO	Chief Executive Officer
CRM	Costumer Relationship Management
FAQ	Frequently Asked Questions
iPaaS	Integrationsplattform-as-a-Service
KI	Künstliche Intelligenz
SMS	Short Message Service
WA	WhatsApp
XML	Extensible Markup Language

1 Einleitung

Viele Unternehmen setzen auf eigene Apps, welche aber immer seltener angenommen werden. Die Frage ist: Werden Apps von Bots verdrängt? "Chatbots sind die neuen Apps[1]", sagte Microsofts CEO Satya Nadella Anfang des Jahres (vgl. The Observer 2016). Mit dieser Aussage ist Nadella nicht allein. So gibt es viele Entscheidungsträger, welche diese Meinung teilen (vgl. für einen Überblick The Observer 2016).

Die Bedeutung des Internets als Kommunikationsmittel und Unternehmensplattform ist in den letzten Jahren stark gestiegen. Weiter steigt die Anzahl der Nutzer von Social Media sowie Messaging-Diensten, wie WhatsApp (folgend WA), stetig. So ist zu beobachten, dass Messaging-Dienste inzwischen beliebter als Soziale-Medien geworden sind (vgl. Business Insider 2015). Laut dem renommierten Mary Meekers Report hat das Messaging für die Millennials in der Kommunikation bereits heute eine größere Bedeutung als Social Media (vgl. Techcrunch 2016).

Zudem verwenden die Nutzer immer seltener stationäre Geräte. So werden inzwischen Mobile-Devices[2] über alle Lebensbereiche hinweg genutzt. Daher werden Messenger der erste Ort sein, an dem die Interaktion mit Kunden stattfindet wird.

Aufgrund dieses Wachstums wird gegenwärtig verstärkt über Fragen der Usability (Benutzerfreundlichkeit) diskutiert. Um diese zu verbessern, wird deshalb in vielen Bereichen, wie bspw. dem E-Commerce, auf Chatbots, also Computersysteme zur natürlichsprachigen textbasierten Interaktion, gesetzt, welche in der Lage sind Nutzer bei der Informationssuche zu unterstützen und diese zu beraten.

In dieser Arbeit soll dem zunächst ein Grundverständnis und die Funktionsweise von Chatbots dargelegt werden. Dabei soll die Technologie der Chatbots anhand von A.I.M.L. näher beschrieben werden. Weiter sollen in dieser Arbeit Anwendungsfälle beschrieben werden, bei denen Bots die Nutzung des Internet im Vergleich zu Webseiten vereinfachen können. So werden die Messenger-Plattformen jeden Monat mächtiger, wehalb die Nutzung von Chatbots immer interessanter wird. Daher bieten Chatbots großes Potential was die Vereinfachung des Internets angeht. Im Anschluss an die Anwendungsfälle soll dem Lesen ein Praxisbeispiel gegeben werden, inwiefern ein Raspberry Pi mittels WhatsApp gesteuert werden kann. Darauffolgend werden aufkommende Schwachstellen im Rahmen von Chatbots erläutert. So spielen hier Themen wie Datensicherheit, Persönlichkeitsrechte, und Cyber-Kriminalität eine wesentliche Rolle. Letztendlich erfolgt eine kritische Würdigung in welcher der Einsatz von Chatbots bewertet wird.

[1] Apps: Kurzform für Application; dt.: Applikation/Anwendung

[2] Mobile-Device: dt.: Mobilgeräte bzw. mobile Endgeräte sind Endgeräte, welche aufgrund ihrer Größe und ihres Gewichts ohne größere körperliche Anstrengung tragbar und somit mobil einsetzbar sind.

2 Einführung in Chatbots

Die Welt der Informationen verändert sich rasant und genau dies stellt Unternehmen vor neue Herausforderungen. Die aktuellen Entwicklungen im Internet wandeln das Verhältnis von Kunde und Unternehmen immer mehr. Die vorhandenen Mittel zur Interaktion werden weiterentwickelt und neue Formen entstehen dabei.

Als eine neue Form der Kommunikation wurden sog. Chatbots entwickelt. Diese zählen zu den asynchronen Formen der Kommunikation. Seitdem erste Chatbot von Joseph Weizenbaum entwickelt wurde, werden Chatbots in unterschiedlichen Debatten diskutiert (vgl. Braun 2003, S. IX).

In diesem Kontext stellen Chatbots allerdings keine neue Technologie dar. So sind Shopping-und Nachrichten-Bots ähnlich der früheren Chatbots, wie bspw. die auf KI-basierte Psychotherapeutin Eliza aus der Mitte der 1960er Jahre. Eliza reagierte dabei auf bestimmte Wörter, welche durch den Benutzer verwendet wurden und transformierte dessen Aussagen in themenbezogene Fragen. Somit sollte der Eindruck erweckt werden, dass der Benutzer mit einem Menschen kommuniziert. Daneben gab es noch Parry, ein Bot aus den frühen 1970er Jahren, der einen Menschen mit paranoider Schizophrenie nachahmt (vgl. The Observer 2016).

Die jüngste Generation von Bots hat allerdings weitaus mehr als nur eine Funktion. Bots wie der jugendliche anmutende Tay von Microsoft (vgl. Süddeutsche Zeitung 2016) wurden eigens dazu entwickelt, um sich mit den Menschen zu unterhalten. Dabei sollen die Bots als Berater zur Seite zu stehen. Doch das Experiment von Microsoft, den Bot via Twitter von der Nutzergemeinde lernen zu lassen missglückte. Dennoch konnte Microsoft einiges für neue Projekte mit künstlicher Intelligenz dazu lernen.

Die folgenden Abschnitte dieses Kapitels bieten einen Überblick über die Definition von Chatbots und deren Funktionsweise. Weiter wird es einen kurzen Exkurs zum Thema der KI im Kontext von Chatbots geben.

2.1 Definition von Chatbots

Der Begriff „Chatbot" ist ein Kunstwort. Daneben wird der Chatbot auch als Chatterbot, Avatar oder sozialer Agent bezeichnet (vgl. Braun 2003, S. 21 sowie Wolf 2008, S. 1). Dabei setzt sich das Wort aus dem englischen Verb „to chat", was so viel wie plaudern bedeutet und „bot" von dem Wort „Roboter" zusammen (vgl. Christensen 2008, S. 14).

Chatbots zielen darauf ab mit dem Menschen, auf natürlicher Sprache basierende Interaktion mit dem Computer, zu ermöglichen. Häufig greifen Chatbots dabei auf eine hinterlegte Datenbank zurück, in der Antworten auf etwaige Fragen des Menschen hinterlegt sind. Das Gespräch ein fingierter synchroner Dialog zwischen dem Nutzer und dem Chatbot zu bewerten. Dabei erweckt der Bot den Anschein, als antworte er spontan auf die Fragen des Gegenübers. Jedoch liegt hier ein Mensch-Maschine-Dialog vor (vgl. Plassmann 2011, S. 251).

Oft sind Chatbots in personifizierter Form anzutreffen, d.h. sie werden als Menschen oder Tiere für die Außenwelt dargestellt. Besitzt ein Chatbot eine Form der optischen Darstellung, so besitzt dieser einen Avatar (vgl. Braun 2003, S. 21).

In der Praxis haben Chatbots die Aufgabe, eine natürlichsprachige Echtzeit-Kommunikation zur Beratung und/oder Unterhaltung, umzusetzen. Somit sind Chatbots als eine neue Form der digitalen Auskunft und eine als Weiterentwicklung der Chatauskunft, einzuordnen (vgl. Christensen 2008, S. 14).

2.2 Funktionsweise von Chatbots

Das Sprechen mit dem Chatbot funktioniert wie mit einem Freund, sobald der Chatbot als Kontakt hinzugefügt wurde (vgl. The Observer 2016).

Technisch betrachtet funktioniert ein Chatbot nach dem Prinzip des Patternmachting, der Musterübereinstimmung (Vgl. Wolf 2008, S. 3). Die Datenbank, also die sog. Wissensbasis, basiert auf einem spezifischen Erkennungsmuster für mögliche Fragestellungen der Anwender mit darauf abgestimmten Antworten in Textform bzw. mit bestimmten Aktionen (vgl. Christensen 2008, S. 23).

Aus den Fragen der Benutzer werden Schlüsselwörter mit den gespeicherten Antworten in der Datenbank verglichen. Sind dann in der Datenbank entsprechende Schlüsselwörter gespeichert, wird eine Antwort zurückgegeben (vgl. Abb.1).

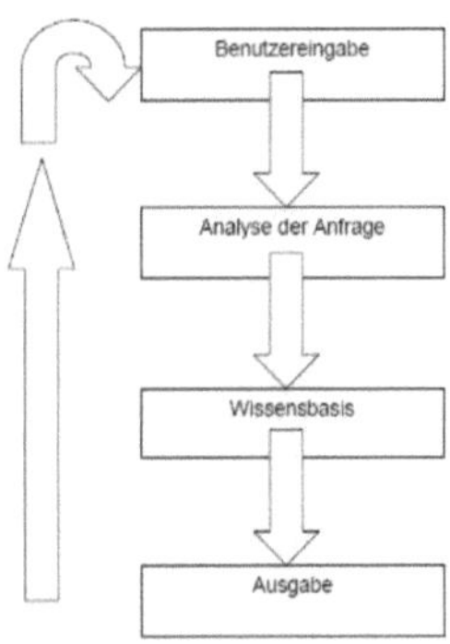

Abb. 1: Aufbau eines Chatbots

Als Programmiersprachen für Chatbots werden meist AIML[3] oder JavaScript verwendet (vgl. Wolf 2008, S. 3). Weitere Programmiersprachen sind BASIC[4], Delphi, C oder Python (vgl. python 2016).

[3] AIML: Artificial Intelligence Markup Language

Der folgende Abschnitt zielt darauf ab, einen Einblick in die technische Funktionsweise von Chatbots im Rahmen von AIML aufzuzeigen.

AIML ist eine eigene auf XML[5] basierende Sprache für Chatbots. AIML wurde zwischen 1995 - 2000 von Richard S. Wallace entwickelt.

Wallace programmierte diesen XML-Dialekt für seinen Chatbot namens A.L.I.C.E. (Artificial Linguistic Internet Computer Entity). Dabei wird das Wissen von A.L.I.C.E. ist in Kategorien (category) unterteilt. Weiter beinhalten diese Kategorien ein Eingabemuster für die Eingaben des Benutzers. Dies sind die sog. Patterns (vgl. Wolf 2008, S. 3).

So wird die Kategorie als category Tag dargestellt. Die Frage wird durch das pattern tag dargestellt und die dazugehörige Antwort mittels des template tags.

```
<category>
    <pattern>WAS WEISST DU UEBER REGEN</pattern>
    <template>Regen ist nass.</template>
</category>
```

Abb. 2: Simple Frage-Antwort Kombination in A.I.M.L.

Aufkommende Fragen werden durch die Chatbot-Engine mit den Patterns in der Datenbank verglichen. Entsteht eine Übereinstimmung, so gibt der Chatbot mit dem dazugehörigen Template aus der Datenbank, eine Antwort zurück.

```
<category>
    <pattern>WIE GROSS*</pattern>
    <template>Groesser als ein Auto</template>
</category>
```

Abb. 3: Beispiel für eine Wildcard

Durch Wildcards (Abb.3) innerhalb der pattern wird es dem Chatbot ermöglicht, auch auf Fragen zu antworten, auf welche kein übereinstimmender pattern existiert.

```
<category>
    <pattern>WER HAT DICH ENTWICKELT<pattern>
    <template>
        <srai>WER HAT DICH PROGRAMMIERT</srai>
    </template>
</category>
```

---

[4] BASIC: Beginners All-purpose Symbolic Instruction Code

[5] XML :Extensible Markup Language

```
<category>
    <pattern> WER HAT DICH PROGRAMMIERT</pattern>
    <template>Max Power hat mich programmiert</template>
</category>
```

Abb. 4: Verweise innerhalb von A.I.M.L

Weitere AIML-tags ermöglichen es wiederum, Dialoge in einer natürlichen Form darzustellen. So erlaubt der tag srai bspw. einen Verweis auf andere Kategorien zu herzustellen (Abb.4), die tags set und get erlauben es, Werte von Variablen zu übernehmen. Der tag topic definiert ein bestimmtes Thema im Dialog und der tag condition erlaubt konditionierte Antworten.

Der AIML-Quelltext ist im Internet frei verfügbar und kann von interessierten Programmierern weiterentwickelt werden (vgl. alicebot.org 2013).

2.3 Künstliche Intelligenz für Chatbots

Die meisten der Chatbots besitzen heutzutage noch keine künstliche Intelligenz. Diese ist für Chatbots allerdings enorm wichtig, denn der Bot kann erst durch KI dazulernen. So ist das Textverständnis ein wesentlicher Teil von Intelligenz. Ein anderer ist die Fähigkeit mitzudenken, also das Anpassen an den Menschen. Daher wird KI in mindestens zwei Bereichen verwendet: bei der Sprache und beim Lernen. Der fachliche Terminus ist in diesem Fall das Machine Learning. So basierten alte Chatbots darauf, dass sie Keywords innerhalb eines Textes erkennen und entsprechend vordefinierte Textbausteine antworteten. In sehr engen Gesprächen ist dies nicht aufgefallen. Doch mit Hilfe von KI werden Chatbots umfangreichere Gespräche führen können. Dies können sie sogar teilweise schon bereits. So erkennen die Bots die Stimmung des Menschen und deren Intensionen (vgl. Fröhlich 2016).

3 Anwendungsfälle – Vereinfachung durch Chatbots

Messenger-Apps sind populärer, als jede andere App oder jeder andere Dienst. Die drei populärsten Messenger WhatsApp, Facebook Messenger, weChat und Viber werden knapp 3 Milliarden Menschen genutzt, also bald der Hälfte der gesamten Menschheit. So sind Messenger sind dabei, die vormals populären SMS[6] komplett abzulösen (vgl. Business Insider 2015).

Alle Altersgruppen verwenden heutzutage Messenger. So werden im Durchschnitt aller Nutzer werden Messenger sehr häufig pro Tag geöffnet. Daher ist zu erkennen, dass es nicht nur eine hohe Reichweite, sondern auch eine hohe Nutzungsintensität gibt. Diese beiden Faktoren hat noch kein digitaler Dienst zuvor erreicht hat.

[6] SMS: Short Message Service ,ein Telekommunikationsdienst zur Übertragung von Textnachrichten.

Wenn eine Plattform so stark frequentiert wird, dann bietet dies das Potential noch vieles mehr transportiert über diese Plattform zu transportieren. Vor allem all das, das heute noch in Webseiten und Apps steckt. Darüber hinaus werden die Messenger-Plattformen jeden Monat mächtiger, weshalb die Nutzung von Chatbots immer interessanter wird (vgl. Allfacebook 2016a).

Im Folgenden sollen Anwendungsfälle dargelegt werden, inwiefern sich die Nutzung des Internets im Vergleich zu Webseiten vereinfachen lässt. Dazu sollen Beispiele gegeben werden, welche Bereiche und Funktionen im Internet von Chatbots durch Chatbots vereinfacht werden können.

3.1 Verbesserung des User-Interfaces

Im Vergleich zu klassischen Applikationen bieten Bots das bessere User-Interface an, die Sprache. Heutzutage hat sich der Anwender an Menüs, Buttons, Schieberegler und viele andere Elemente für User Interface gewöhnt. Grund hierfür ist der Mangel an Alternativen. Auf den Mobilgeräten sinken hierbei schon die Barrieren aufgrund der Verwendung von Touch Screens und Gesten. Nichtsdestotrotz hat jede Software, Webseite oder App hat ihre ganz spezifischen Eigenheiten in der Bedienung. So muss sich der Anwender stets durch jede Menge Strukturen navigieren, um das gewünschte Ergebnis zu erzielen.

Einem Chatbot kann der Anwender hingegen einfach mitteilen was dieser möchte. Innerhalb des Bereichs der natürlichen Spracherkennung sind derzeit positive Entwicklungssprünge zu beobachten. Mit Hilfe der Sprache lässt sich quasi jedes Thema unmittelbar und direkt adressieren. So geht niemand geht in ein Sportgeschäft und sagt, er möchte gerne Info zu Damen / Sport / Fußbekleidung / Outdoor / Adidas / Größe 39 / Leder / grau. Durch Bots wird diese direkte Adressierung der Fragestellung möglich (vgl. NZZ 2016).

3.2 Erleichterte Integrierbarkeit

In der Zukunft werden Bots miteinander verstärkt interagieren. Es gibt seit Jahrzehnten einen Trend zu immer stärkerer Integration aller Software. Dieser Trend wurde vor allem durch das Internet und den damit verbundenen Integrationsprotokolle beschleunigt. Dieser Trend wurde allerdings von den Apps durchbrochen, da diese von ihren Betriebssystemen aus keine guten Integrationsmöglichkeiten mit sich brachten. So ist kaum möglich eine App ist mit anderen Apps zu integrieren.

Chatbots hingegen bieten eine ideale Integrationsschnittstelle, nämlich die natürliche Sprache. Versteht ein Bot also die Sprache, so kann dieser auch andere Bots anfragen und deren Antworten auswerten. Ein Reise-Assistent kann bspw. bei einem Wetter-Bot, einem Flug-Bot und einem Hotel-Bot nützliche Teilinformationen einholen und aggregieren, um einem Anwender eine komplette Beratung anzubieten.

3.3 Optimierung durch neues Wissen

Verglichen mit Apps können Bots künftig auch lernen. Diese lernen kann auf verschiedene Arten erfolgen. So lernen Bots, weil sie die Präferenzen der einzelnen Nutzer nach und nach besser verstehen werden. Weiter lernen Bots aufgrund der vielen Nutzer, durch welche sie bei dem Lernen unterstützt werden. Somit können sie Gruppen bilden, die ähnliche Interessen und Denkweisen haben. Bots lernen durch die unterschiedlichen Entwickler, welche den Bots Basiswissen mittels semantischer Konstrukte beibringen. Auf dieser Basis können folgend andere Entwickler über Plattformen zugreifen. Schließlich lernen Bots aus den Fehlern und den damit verbundenen Korrekturen, welche im laufenden Betrieb ständig vorgenommen werden.

3.4 Hoher Grad der Individualisierung

Bots werden in der Zukunft eine individuelle Persönlichkeit besitzen. Webseiten und Apps hingegen besitzen nur einen „Look and Feel". So wird niemand eine App als Persönlichkeit wahrnehmen. Dies wird sich ändern, wenn die Sprache ins Spiel kommt und damit all die Nuancen, wie sich verschiedene Personen verhalten und ausdrücken. Die ersten Bots mit Persönlichkeit werden vermutlich witzig, freundlich oder flapsig sein. Mit der Zeit wird das Wissen wachsen, wie komplexere Persönlichkeitsmerkmale eines kommuniziert werden können. So wird der Bot zu einem einzigartigen Geschöpf (vgl. Linder 2003, S.89).

3.5 Flexibler Kundenservice

Heutzutage bietet nahezu jedes Unternehmen einen Kundenservice an. Häufig per Telefon oder per eMail. Probleme hierbei sind oftmals, dass der Service ist entweder überlastet ist oder nicht ausreichend ausgelastet wird. Weiter verlieren Unternehmen oft Zeit bei der Identifikation von Kundennummern und anderen Trivialitäten. Oftmals fehlt zudem den Service-Mitarbeitern fehlt das notwendige Wissen für die Problemlösung. Manche Mitarbeiter sind zwar gut qualifiziert, aber dann leider auch entsprechend teuer.

Mit einem Bot können sowohl die Kontextdaten, wie Kundenummern, abgefragt werden, als auch alle Routinefragen beantworten werden. Im Laufe der Zeit kann sich das Wissen des Bots immer weiter vergrößern, wodurch der Kunde mit seinem Problem immer seltener zu einem Mitarbeiter weitergeleitet werden muss (vgl. Vodafone 2016).

3.6 Usabbility

Einen Vorteil im Sinne der vereinfachten Verwendung ist es, dass Bots nicht heruntergeladen werden müssen. Ein Einfaches hinzufügen innerhalb des Messenger genügt. So hat Nutzer sofort Zugang zu den Dienstleistungen des Bots innerhalb der Messaging Apps. Somit ist kein Login oder Registrierungsprozess wie bei vielen anderen Apps nötig (vgl. Appswithlove 2016).

Analog zu einer Anfrage per E-Mail oder auch per Chat ist es mit Chatbots möglich unsicheren und schüchternen Menschen die Berührungsängste zu nehmen. So ist es für den Kunden fällt leichter mit der Unternehmung in Kontakt zu treten (vgl. Wolf 2008, S.2). Bots lassen sich zudem in bestehende Apps integrieren und erhöhen dadurch die Usabbility innerhalb der App.

3.7 Erleichterte Kriminalität

Bots stellen einen neuen Kanal mit direkter Interaktion zum Nutzer zur Verfügung. Dabei bietet dies „großes Potenzial" für Online-Kriminelle, sagt etwa Candid Wüest vom Sicherheitssoftware-Spezialisten Symantec (vgl. Der Tagesspiegel 2016).

Wenn etwa wie heute bei Spam-Mails in großem Stil Nutzer von einer angeblichen Fluggesellschaft mit Zusatz-Informationen zu einem Flug angeschrieben werden, sei die Wahrscheinlichkeit groß, dass in der Masse auch einige Leute sind, die sich angesprochen fühlen und dem falschen Bot vertrauen. „Dann fordert man sie irgendwann auf, sich anzumelden – und schon ist das Konto gekapert.", so Wüest.

Daher sind die Betreiber von Kurzmitteilungsdiensten in die Pflicht zu nehmen, um für die Sicherheit der Nutzer zu sorgen. Weiter müssen Menschen erst ein bestimmtes Gefühl für Sicherheit und Warnhinweise in diesem neuen Geschäftsumfeld entwickeln (vgl. FAZ 2016a).

3.8 Skalierbarkeit

Eine weitere Stärke der Bots liegt in der Skalierbarkeit. An einer Service-Hotline können die Bots Hunderte oder Tausende Anrufe gleichzeitig entgegennehmen und die wiederkehrenden Fragen autonom beantworten. Dank Chatbots werden Möglichkeiten zur horizontalen Integration gegeben, die allein mit einem kleinen Team von Kundenbetreuern gar nicht vorstellbar wären. Ein weiteres Merkmal der Skalierbarkeit, ist es, dass der Kundenservice mit Chatbots nicht nur für deutlich mehr Menschen bereitgestellt werden kann, sondern auch außerhalb der eigenen normalen Geschäftszeiten (vgl. Allfacebook 2016a).

3.9 Neue Formen der Meinungsbildung

Es gilt als erwiesen, dass Bots die Meinung beeinflussen können und diese dafür auch eingesetzt wurden und werden. So wurde von Hegelich (2015) herausgefunden, dass eine große Menge an Bots den Ukraine-Konflikt mit faschistischen Äußerungen im Internet befeuerte. Weiter war während des Brexit-Referendums zu beobachteten, dass durch eine kleine Anzahl an Accounts eine große Menge an Pro-Brexit-Tweets absetzt wurden (vgl. Howard/Kollanyi 2016).

Auch im US-Wahlkampf 2016 wurde massiv auf Bots gesetzt: Nach einer Studie der Oxford University wurde am Tag des ersten TV-Duells und in den folgenden Tagen ein Drittel der Pro-Trump-Postings auf Twitter, vermutlich durch Bots generiert, bei Hillary Clinton waren es etwa ein Viertel der Posts (vgl. BBC 2016).

3.10 Home-Automation

Wer Home-Automation bspw. als Alarmanlage verwendet, wird bestimmt schon auf die Idee gekommen sein, sich Nachrichten an das eigene Handy zu senden. So ist es möglich Push-Nachrichten über einen App-Anbieter auf das Smartphone zu verschicken. So wäre ein Szenario denkbar indem ein Raspberry Pi betrieben wird, auf dem ein Script / Bot läuft. Bots sind quasi virtuelle Teilnehmer, die über API[7]-Keys angesteuert werden können, um Push-Nachrichten abzusenden. An den Raspberry Pi ist bspw. ein Bewegungsmelder gekoppelt. Bei erkannter Bewegung erstellt das Script zunächst ein Foto und verschickt dieses via Push-Nachrichten an einen definierten Empfänger.

3.11 Erweiterung von Business-to-Business Anwendungen

Weiter können Großunternehmen eigene Chatbots entwickeln, um die Produktwertigkeit zu steigern, die Interaktionserfahrung für die B2B-Kunden zu verbessern und eigene Business-Prozesse zu optimieren.

Mit einer richtigen Integrations-Middleware, bspw. einer hybriden Integrationsplattform-as-a-Service (iPaaS) wäre es möglich, einen unternehmenseigenen Chatbot in eine interne Chat-Anwendung zu integrieren, um relevante Informationen von anderen Geschäftsanwendungen wie CRM[8], Support Ticket Systeme oder sogar Warenwirtschaftssysteme über ihre APIs zu sammeln und in einer Benutzeroberfläche zu bündeln. Somit sind Enterprise-Bots z.B. gut geeignet, um u.a. eine 360-Grad-Sicht auf Kunden zu generieren. (vgl. Silicon 2016).

4 Einsatz von Bots von WhatsApp

In den folgenden Abschnitten soll ein Grundverständnis von WhatsApp (WA) gegeben werden, im Anschluss daran wird die aktuelle Situation von Chatbots im Kontext von WA beschrieben. Abschließend wird dem Leser ein Beispiel gegeben, wie WA mit mittels Raspberry Pi gesteuert werden kann. Dadurch soll dem Leser beispielhaft aufgezeigt werden was heutzutage mit einem Raspberry Pi und WA umsetzbar ist.

[7] API: Application Programming Interface; dt.: Programmierschnittstelle

[8] CRM: Costumer Relationship Management; dt.; Kundenbeziehungsmanagement

4.1 Grundverständniss von WhatsApp

WhatsApp ist ein Instant Messenger-Dienst zum Austausch von Textnachrichten, Bildern, Videos, Sprachnachrichten und Standortangaben mit seinen Kontakten, die den Dienst ebenfalls installiert haben. Voraussetzung für die Nutzung sind eine bestehende Internetverbindung, die Installation der App auf dem Smartphone und die Registrierung mit der eigenen Telefonnummer (vgl. WhatsApp 2016a).

Weiter stellt WA eine funktionierende Alternative zum Kurznachrichtendienst (SMS) dar (vgl. WhatsApp 2016b). Aufgrund des Kostenvorteils gegenüber SMS konnte sich WA als die beliebteste Instant Messaging-Anwendung in Deutschland (vgl. eMarketer 2015) etablieren und stellt derzeit rund 1 Mrd. Kunden, weltweit, den Service zur Verfügung (vgl. Statista 2016).

Allerdings war diese App in der Vergangenheit nicht sehr erfolgreich bei der Bereitstellung von ausreichenden Sicherheits-und Datenschutz-Features. Bis 2011 wurden Textnachrichten und Mobiltelefonnummern unverschlüsselt übertragen, trotz der App, die das SSL-Protokoll hätte verwenden können, um Daten bei der Versendung zu verschüsseln. Darüber hinaus waren verschiedene Angriffe auf Benutzer hinsichtlich der Authentifizierung und der Benutzerdaten, möglich (vgl. Huber/Weippl 2012). Als Reaktion auf diesen Befund implementierte WA eine Verschlüsselung für die übertragenen Daten zwischen dem WA-Client und den Servern, wobei jedoch die Handynummer des WA-Benutzers weiterhin als Klartext übertragen wurde (vgl. Heisse 2012). WA wird immer wieder aus datenschutzrechtlichen Gründen kritisiert (vgl. Steinhau 2015).

4.2 Verbot von Chatbots in WhatsApp

WA stellt theoretisch einen großen Markt für Bots dar. Dabei ist WA so beliebt, das dieser Messagener hinsichtlicher der User anderer Messagner, wie Telegram[9], Kik[10], Line[11] oder Facebook Messagner[12], schlägt (vgl. hierzu Tab.1). All diese Wettbewerber große Bot Initiativen gestartet.

WA hat mometan noch nicht seine APIs geöffnet, um Chatbots zu integrieren. Zu diesem Zeitpunkt geht WA hartnäckig gegen die Entwicklung von Bots auf der WA Plattform vor. Wenn ein Entwickler es gesschafft hat, oder er es auch versucht, einen Bot zu entwickeln und diesen in WA zuintegrieren, dann wird gegen die geltenden AGBs von WA verstoßen. Wird der Bot durch WA entdeckt, dann wird die Mobilnummer, mit der dieser verbunden ist, innerhalb des Dienstes gesperrt. So lässt sich vermuten, dass Facebook als Mutterkonzern mit dieser Strategie versucht WA „sauber“ zu halten.

[9] Telegram: Ein kostenloser Instant-Messaging-Dienst welcher vor allem Privatsphäre verspricht.

[10] Kik: Ein kostenloser Instant-Meesanger aus nordamerikanischer Raum.

[11] Line: Ein kostenloser Instant-Messaging-Dienst mit Fokus auf die Region Asia-Pacific.

[12] Facebook Messenger: eine Messenger-App ermöglicht, welche die Kommunikation mit Facebook-Freunden ermöglicht.

Ein Beispiel dafür, wie ernst es WA meint die Plattform frei von Bots zu halten, ist das Beispiel WhatsBot, ein innovativer und beliebter Bot, welcher gesperrt wurde und somit nicht weiter zur Verfügung steht. Dabei funktionierte der Bot auf eine einfache Art und Weise. Die Telefonnummer des Bots musste zum enen in die eigne WA-Kontaktliste hinzufügt werden und im Anschluss in den Gruppenchat eingeügt werden. Im Anschluss daran konnte der Bot zum Beispiel als digitaler Assistent Treffen mit Freunden oder der Familie organisieren. Doch Kurz nachdem dieser Bot online ging, wurde der Bot wie bereits beschrieben, zeitnah durch WA gesperrt (vgl. ITopnews 2015).

4.3 Raspberry Pi und WhatsApp

WA ist dennoch vielseitig nutzbar. Aus diesem Grund soll an dieser Stelle ein Python-Skript für den Raspberry Pi namens Yowsup (vgl. GitHub 2016) vorgestellt werden, von welchem aus die Nutzung von WA möglich ist.

So soll dies eine einfache Möglichkeit bieten, per Kommandozeile Nachrichten per WA zu verschicken. Möglich ist das Ganze über das o.g. Python-Skripts „Yowsup". Mit diesem Tool ist es möglich, die WA-Registrierung durchzuführen und anschließend Nachrichten zu versenden und zu empfangen. Um dies zu umzusetzen wird auf der Website techradar.com ein kleines Kochrezept für die Umsetzung beschrieben, welches im Folgenden näher erläutert werden soll (vgl. Techradar 2016).

Voraussetzungen

Hierfür wird eine noch nicht für den Dienst registrierte Mobilfunknummer. Dabei stellt die verwendete Nummer die Kennung des Nutzers dar. So dient bei WA die Mobilfunknummer dazu, den Nutzer eindeutig zu identifizieren. Bei anderen Messenger kann dies auch eine spezifischer Benutzername sein, bei WA ist dies wie beschrieben, die Mobilfunknummer. Weiter wird Python, python-dateutil, argparse for python, libxml2 und Yowsup benötigt.

Installation

Bevor die Yowsup-Bibliothek installiert werden kann, müssen folgende Abhängigkeiten abgerufen werden:

```
$ sudo apt-get install git python-dev libncurses5-dev
```

Im Annschluss daran wird mit Hilfe des folgenden Links der Download initialisiert.

```
$ git clone git://github.com/tgalal/yowsup.git
```

Für die Installation werden die nachstehenden Befehle ausgeführt:

```
$ cd yowsup

$ sudo python setup.py install
```

Registrierung

Bevor die Nachrichten versendet werden können, ist die eigene Handynummer bei WA zu registrieren. So muss als erstes die Handynummer, die zum Versenden von Nachrichten genutzt werden soll, in der `Config`-Datei angegeben werden.

Sobald die Bibliothek installiert ist, ist die Handynummer bei WA zu registrieren. Im yowsup-Verzeichnis ist eine Datei mit dem Namen mydetails mit folgendem Inhalt zu erstellen:

```
$ nano mydetails

cc=49

phone=496912345678
```

Unter „`cc`" muss die Landeskennung angegeben werden. Für Deutschland wäre dies die „`49`". Unter „`phone`" muss die Handynummer angegeben werden, die für WA registriert werden soll.

Das Zeichen + darf nicht eingegeben werden. Im Anschluss ist die Datei zu sprachen und WA nach einem Registrierungscode anzufragen:

```
$ python yowsup-cli registration --config mydetails

--requestcode sms
```

Auf dem angegeben Handy sollte nun eine SMS mit einem Freischaltcode für WA angekommen sein. Als Beispiel dient hier der Code „`xxx-xxx`". Der erhaltene Code ist u verwenden, um die Rufnummer mit WA zu registrieren:

```
$ python yowsup-cli registration --config mydetails --register

xxx-xxx
```

Nun ist `xxx-xxx` durch den erhaltenden Code zu ersetzen. Nach ein oder zwei Sekunden, trifft eine Antwort von WA auf der Raspberry Pi ein, die etwa wie folgt aussehen wird:

```
status: ok

kind: free

pw: sSd3zdEJ9yy0FFC3CwmnLdJuL1A0311TuSCkuhGk=

price: 0.89

price_expiration: 1434674993

currency: EUR
```

```
cost: 0.89

expiration: 1463544490

login: 448375972334

type: new
```

Die einzige relevante Information, ist das Kennwort, welches mit der `pw`-Variablen erwähnt wird. Diese Information ist zu kopieren und in der `mydetails`-Datei einzufügen:

Weiter enthält die Yowsup-Bibliothek eine Demo-Anwendung, mit welcher Nachrichten versendet und empfangen werden können. Folgendes ist einzugeben:

```
cc=49

phone=496912345678

password=sSd3zdEJ9yy0FFC3CwmnLdfuCkuhGk=
```

So enthält die Yowsup-Libary verschiedene Demo-Anwendungen.

```
$ yowsup-cli demos --yowsup --config mydetails
```

Mit dem o.g. Befehl wird die Yowsup-command line client aufgerufen. Mit der Eingabe von `/help`, werden alle verfügbaren Befehle angezeigt. Die `[offline]` -Anzeige zeigt an, wenn keine Verbindung zu den WA-Servern vorliegt. Mit dem Befehl `/L` wird der Login bei WA durchgeführt. Nachrichten können mittels `"/message send 49ZZZZZZ Ihre Nachricht"` versendet werden. Der Platzhalter `"ZZZ"` steht für die Nummer des gewünschten Kontakts.

Die Eingabeaufforderung wechselt nun zu [connected].

Nun es ist möglich Nachrichten an andere WA-Benutzer zu senden. Um eine Nachricht an `449988776655` zu senden, geben Sie Folgendes ein:

```
/message send 449988776655 "Hello world, I'm sending this from
the Raspberry Pi!"
```

Wenn der Empfänger mit einer Nachricht antwortet, wird dies auf der Konsole des Raspberry Pis angezeigt. Um eine Sitzung zu beenden, ist der Befehl `/disconnect` zu verwenden.

Steuerung von einem Raspberry Pi mit Hilfe von WhatsApp

WA stellt eine der beliebtesten Messaging-Anwendungen dar, welche zudem mit einem Raspberry Pi verwendet werden kann. Wie Eingehens dargestellt können mit Hilfe der Yowsup Python-Libary Nachrichten zwischen dem WA-Konto und den Kontakten in WA ausgetauscht werden.

Der eigentliche Vorteil der Yowsup-Libary ist allerdings, dass diese dazu verwendet werden kann, um Aktionen auf dem Raspberry Pi aufzurufen, so ist z.B. möglich, dass der Nutzer eine Nachricht an WA sendet, um bestimmte Parameter auf dem Raspberry Pi, wie bspw. Festplattenkapazität oder Temperatur überprüfen oder den Pi herunterzufahren.

Weiter können auch angeschlossenen Peripheriegeräte gesteuert werden – bspw. eine Tür. So kann Python-Skript in `Listing 1` verwendet werden, um mit dem Raspberry Pi zu interagieren. Das Script hört somit Nachrichten von einer Zahl ab, erkennt dabei bestimmte Schlüsselwörter und reagiert entsprechend, wie z.B. mit dem Öffnen einer Tür.

5 Mögliche Schwachstellen von Chatbots

Hinter der Verwendung von Chatbots stecken zum einen oftmals ausgeklügelte Geschäftsinteressen von Unternehmen als auch eine viele Möglichkeiten für Nutzer. Doch dies kann auch große Gefahren mit sich bringen. So ist ein Beispiel für einen „guten“ Bot, ein fiktiver Partner für ein Online-Spiel oder ein automatisierter Assistent bei der Buchung eines Hotels oder Taxis. Als Negativbeispiele hingegen seien Bots genannt, die Spam verschicken, oder durch tausendfachen Zugriff Webseiten lahm legen und so deren Besitzer erpressen (vgl. FAZ 2016a).

5.1 Vertrauen in die Technologie

Von dem Vertrauen in diese Technologie ist sehr viel abhängig. Denn wenn sich ein Anbieter A (Anbieter für Produktvergleiche) bspw. mit einem bestimmten Messenger zusammen schließt, um dessen Informationen für personalisierte Angebote zur Verfügung zu stellen, dann liegt ein Datenaustausch vor, welcher dem Nutzer im ersten Moment nicht unbedingt klar ist.

Solche Angebote sind trotz aller aktuellen Datenschutzdebatten momentan dennoch im Kommen sind. Dies ist auf die Unübersichtlichkeit der tatsächlichen Datenströme zurückzuführen. „Dass irgendwer über mich Daten sammelt, ist nochmal eine viel abstraktere Art der Privatsphäre, als wenn ich selbst Fotos und Informationen über mich auf meine Facebook-Seite stelle.“, so Kommunikationswissenschaftler Leonard Reinecke. Weiter beinhaltet das Sammeln von Daten mittels Klicks auf bestimmte Produkte nur für die wenigsten Nutzer lebensnahe Risiken, welche zudem auch wesentlich schwerer einzuschätzen sind. Dabei genau dieser Datenaustausch von vielen Anbieter monetarisiert (vgl. FAZ 2016a).

So ist zwar zu beobachten, dass immer weniger private Inhalte in den sozialen Netzwerken geteilt werden (vgl. FAZ 2016b), doch mit den „sekundären“ persönlichen Daten, welche durch das Verhalten der Nutzer im Netz generiert werden, gehen viele Nutzer noch zu leichtfertig um.

5.2 Risiken für die Datensicherheit

Doch wie wird das neue Ökosystem unter der Verwendung von Chatbots aussehen? Auf dem Blog von Kaspersky beschreibt Eveny Chereshnev (2016) die Risiken für die Datensicherheit im Kontext der Chatbots. So ist es vorstellbar sind hier Kontaktlisten mit wesentlich mehr künstlichen Verbindungen zu Bots und weitaus weniger Verbindungen zu realen Personen. Zukünftig werden Chatbots mit dem Nutzer sprechen, ihm Emojis, Sticker, lustige Katzenfotos und Links zusenden. Aber es sollte nicht naiv an die Sache herangegangen werden – Chatbots werden auch das Verhalten der Nutzer studieren und alles tun, um dem Nutzer das zu verkaufen, was ihre Besitzer (bspw. Unternehmen) Ihnen verkaufen wollen.

Dies wird dann möglich, wenn eine futuristische Technologie mit veralteter Mentalität bedient wird. Allerdings stellt dies nur die Spitze des Eisbergs dar. So gibt es insbesondere Cybersicherheitsprobleme in diesem Bereich. Denn Chatbots sind Goldmienen für Social Engineering und Verbrechen. Zurückzuführen ist die auf die Fähigkeit der Analyse des Verhaltens von Menschen und lernen von ihnen.

Phishing[13], Ransomware[14], Raub von Anmeldedaten, Identität und Kreditkarten – all dies wird zukünftig für Hacker wesentlich einfacher sein, wenn ihnen neue Tools zur Verfügung stehen, mit welchen sie aufgrund der Verhaltensmuster, User in Schwierigkeiten bringen können. Generell würde ein infizierter Bot genau das dem Nutzer erzählen, was dieser hören möchten und zwar genau dann, wenn er es erwartet, somit gäbe es für den Nutzer keinen Grund, misstrauisch zu sein.

Dies sind allerdings nur Basishackingangriffe. Die schlimmsten Techniken müssen noch entwickelt werden. Hier ist das Stichwort Identitätsverdopplung? Künftige Chatbots sind keine Einbahnstraßen. Wenn der Nutzer mit Chatbots reden, dann lernen diese schnell und können mit den richtigen Einstellungen nicht nur lernen, wie sie effektiver mit dem Nutzer sprechen können, sondern auch das Verhalten der zu kopieren, wenn diese mit Dritten sprechen. Dies aktuell bei dem Chatbot in der Messaging-App Allo von Google zu beobachten (vgl. Chip 2016).

Somit stellt dieses beschriebene Problem das Persönlichkeitsrecht für komplett neue Herausforderungen.

Juristischer Exkurs

Der Einsatz von Chatbots berührt viele juristische und datenschutzrechtliche Belange. Wird bspw. ein Chatbot genutzt, ohne das über deren Einsatz aufgeklärt wird, können bei den regulären Chatteilnehmern unter Umständen Persönlichkeitsrechte verletzt werden. Auch Datenschutzprobleme sind denk-

[13] Phishing: Versuche, über gefälschte Webseiten, E-Mails oder Kurznachrichten an persönliche Daten eines Internet-Benutzers zu gelangen und damit Identitätsdiebstahl zu begehen.

[14] Ransomware: Eine Malware, die Computer infiziert, sperrt und dann Geld verlangt, den Computer zu entsperren.

bar, insbesondere aufgrund der aktuell schwierigen Rechtslage bzgl. des Datentransfers zu US Unternehmen, denn Chatbots dürften regelmäßig die technische Notwendigkeit aufweisen, Chatverläufe aufzuzeichnen, um diese zu analysieren (vgl. Härtel 2016).

Weiter ist noch im Rahmen der Kommunikation der Austausch von Informationen, welche personenbezogene Daten nach § 3 Abs. 1 Bundesdatenschutzgesetz (BDSG) beinhalten können, zu beachten. Dies sind zunächst bspw. der Klarname des Nutzers und mögliche Standort- und Metadaten. Weiter werden möglicherweise Kundendaten, Profilfoto, Anschrift, Aufenthaltsorte oder sogar sensible Daten, z.B. Gesundheitsdaten, berührt (vgl. Conrad 2016).

Auch wenn WA seit kurzer Zeit eine Ende-zu-Ende Verschlüsselung einsetzt, wirft dieser Kommunikationsweg insbesondere beim Kontakt mit Gesundheitseinrichtungen weiterhin datenschutzrechtliche Fragen auf (denn wer mit wem kommuniziert bleibt nur für Facebook als Betreiber von WA sichtbar) – gleiches gilt auch für Chatbots.

6 Kritische Würdigung

Zum jetzigen Zeitpunkt ist WhatsApp (WA) gegen die Schaffung von Bots auf seiner Plattform. Doch auch wenn WA den Bot bereits verboten hat, so ist die Idee, WA mit diesem Service-Feature zu bereichern, sehr interessant. Den beliebten Messenger für Erweiterungen von Drittanbietern zu öffnen, ist etwas, worüber Mutterkonzern Facebook ernsthaft nachdenken sollte.

Denn Unternehmen sollten sich auf den Abschied von Apps vorbereiten. An ihre Stelle werden virtuelle Assistenten, sogenannte Bots, treten, die künftig viele Aufgaben der Apps übernehmen. Chatbots als Form der virtuellen Kommunikation bieten den Nutzern nämlich verschiedene Vorteile (vgl. Hacker 2008, S. 375). Ein Chatbot ist rund um die Uhr und von jedem beliebigen Ort erreich-bar. Der 24/7- Service, bietet einen flexiblen Zugang zu den Dienstleistungen einer Unternehmung (vgl. Baudenbacher 2012, S. 229).

Für die Nutzung eines Chatbots ist keine Installation einer Software notwendig, eine Registrierung ist ebenfalls nicht erforderlich. Chatbots arbeiten sehr effizient, da sie mehrere Kunden gleichzeitig bedienen können. Für Kunden entfallen somit die Wartezeiten für die gewünschte Auskunft. Zudem ist ein virtueller Assistent auch im größten Stress oder bei unfreundlichen Fragen stets gleichbleibend freundlich. (vgl. Wolf 2008, S.2)

Ein weiterer Vorteil ist die Bedienung der Chatbots. Der Nutzer kann in natürlichsprachlichen Sätzen kommunizieren, wodurch ist ein langes Navigieren auf der Homepage nach den gewünschten Informationen entfällt (vgl. Hacker (2008), S. 376).

Jedoch bietet ein Gespräch mit einem Chatbot auch einige Nachteile für den Kunden. Bei Suchmaschinen, wie Google muss der Kunde seine Anfrage nicht im Volltext eingeben, es genügen einzelne

Stichwörter. Ein Chatbot kann ein Stichwort wie Öffnungszeiten der gesuchten Information zuordnen, jedoch sollte die Kommunikation zur besseren Verständigung in vollständigen Sätzen erfolgen (vgl. Wolf 2008, S. 2). Daher ist die Volltextsuche zugleich Vor- und Nachteil der Chatbots.

Weiterhin ist die Eingabe von Doppelfragen kritisch, da sich der Chatbot für ein Stichwort in der angegebenen Frage entscheiden muss. Bei auftretenden Tippfehlern bei der Eingabe der Frage führt dies zu einer fehlerhaften Antwort des Chatbots (vgl. Baudenbacher 2012, S. 232).

Kunden möchten das Gefühl erleben, wie bei einem „echten" Gespräch beraten und unterhalten zu werden. Daher sollte ein Chatbot zusätzlich die Fähigkeit zum Small Talk beherrschen (vgl. Wolf 2008, S. 2).

So ist zu prognostizieren, bisherige Gewohnheiten der Onliner werden durch die rasante Entwicklung der Bots in Frage gestellt. Sowohl die Website wie auch Apps werden durch die direkte Auslieferung des Content via Messenger in Zukunft noch schneller an Bedeutung verlieren.

Alles, was heute per App auf dem Handy ist, könnte bald durch Chatbots ersetzt werden. Viele Webseiten fallen weg. Man muss weniger surfen, um Antworten zu bekommen. Nutzer müssen nicht mehr zu Google gehen, wenn ein persönlicher Chatbot die Lösungen direkt sucht und dabei jedes Mal mittlernt. In zehn Jahren wird es total natürlich sein mit Maschinen zu reden, schreiben oder denken. Chatbots haben das Potential Vieles zu sein: Anwalt, Sekretärin, Buchhalterin, Anlageberater, Reisebüro. Bots werden essen bestellen, Dinge einkaufen oder das Auto vorfahren können (vgl. Fröhlich 2016).

Doch Leider geht es bei Chatbots nicht immer um das Chatten – es ist ihre Funktion, aber nicht ihre Aufgabe. Was ist ihre Aufgabe? Massive Marktforschung, die letztendlich für einige Unternehmen sehr rentabel sein wird – unter ihnen Cyberkriminelle (vgl. Chereshnev 2016).

Datenschützer sehen dabei die Betreiber der Messenger in der Pflicht, für die Sicherheit der Nutzer zu sorgen. Denn die Nutzer müssen erst ein Gefühl für Sicherheit und mögliche Risiken in dem für sie neuen Geschäftsfeld entwickeln (vgl. FAZ 2016a).

So kann davon ausgegangen werden, dass Bots ein großes Potential besitzen. Insbesondere liegt wohl zum jetzigen Zeitpunkt ihre Stärke in der Kombination mit Apps. So kann mit Hilfe eines Bots kann, eine Suche nach Daten in einer App deutlich erleichtert werden.

Es bleibt also sehr spannend wie die Zukunft mit Bots aussehen wird.

Anhang

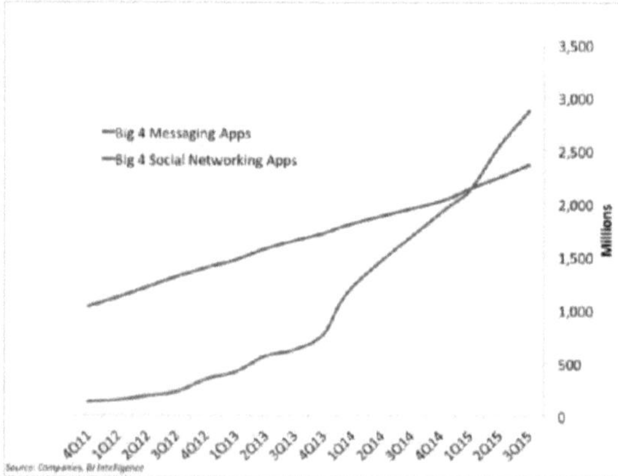

Abb. 5: Soziale Medien vs. Messaging Apps (vgl. Business Insider 2015)

Top 3 Social Messaging Apps Among Smartphone Users in Select Countries, Jan 2015

% of respondents

China	
1. WeChat	84%
2. QQ	83%
3. Sina Weibo	50%
Germany	
1. WhatsApp	77%
2. Facebook Messenger	49%
3. Skype	30%
Japan	
1. LINE	75%
2. Twitter	42%
3. Facebook Messenger	25%
UK	
1. Facebook Messenger	63%
2. WhatsApp	46%
3. Skype	36%
US	
1. Facebook Messenger	60%
2. Skype	29%
3. Twitter	25%

Note: n=2,500 Android and iPhone users
Source: On Device Research as cited in company blog, March 18, 2015

187763 www.eMarketer.com

Abb. 6: Top 3 Social Media Messaging Apps (vgl. eMarketer 2016)

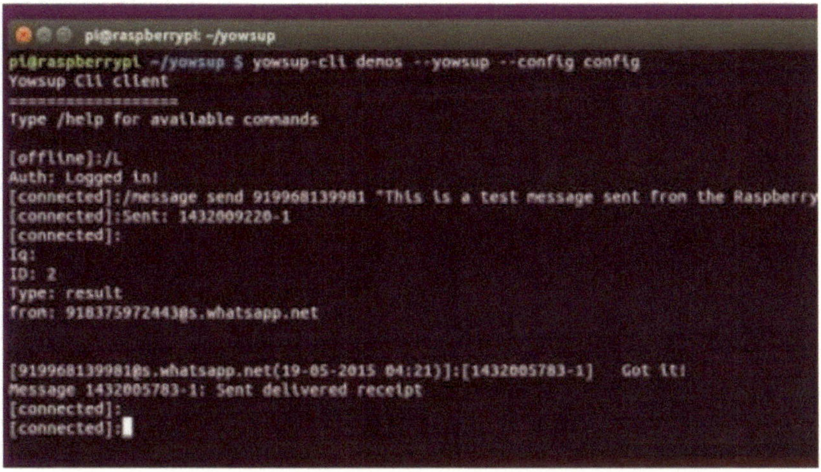

Abb. 7: Konfiguration via Yowsup Client (vgl. Techradaer 2016)

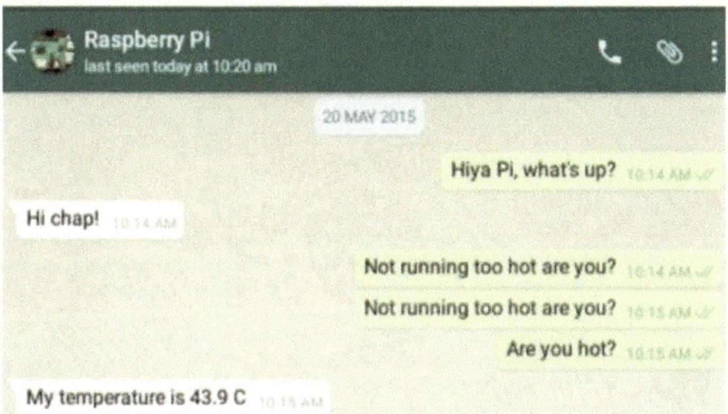

Abb. 8: Kommunikation mit dem Raspberry Pi (vgl. Techradaer 2016)

	kik	FB-Messenger	WeChat/Weixin	Line	WhatsApp	Telegram	Slack
Active Users	80 Mio.	800 Mio.	650 Mio.	215 Mio.	1 Billion	100 Mio.	2.3 Mio.
Use of Bots and AI	80 promoted bots	Testing M, an assistant that carries out tasks	Huge list of retail partners; Over 10 Mio. official accounts	Reportly working on digital butler	TBD- currently not	2000+ bots	Business teams
Can you hail a cab?	No	Yes	Yes	Yes	No	N/A	N/A
Demographic	Age 13-20, North America	Age 16-24, Americas heavy	25-34 years old, Asian mostly Chinese	Age 16-44, Asia-Pacific, Middle East	Age 16-54, Latin America, Middle East, Asia	Brazil and South Korea	160+ integrations

Tab. 1: Vergleich von Messaging-Diensten (vgl. Forbes 2016)

Literaturverzeichnis

Alicebot.org 2013: ALICE A.I. FOUNDATION, http://www.alicebot.org/, Zugriffsdatum: 11.11.2016.

Allfacebook (2016a): 7 Gründe warum Chatbots populärer werden, http://allfacebook.de/WhatsApp/7-gruende-warum-chatbots-populaerer-werden-apps-einfuehrung-in-chatbots-44, Zugriffsdatum: 11.11.2016.

Appswithlove (2016): Bots mit künstlicher Intelligenz, http://appswithlove.com/blog/2016/10/20/bots-mit-kuenstlicher-intelligenz, Zugriffsdatum: 11.11.2016.

BBC (2016): Trump's Twitter debate lead was 'swelled by bots', http://www.bbc.com/news/technology-37684418, Zugriffsdatum: 11.11.2016.

Braun, Alexander: Chatbots in der Kundenkommunikation. Berlin/Heidelberg, Springer, 2003.

Business Insider (2015): Messaging apps are now bigger than social networks, http://www.businessinsider.com/the-messaging-app-report-2015-11?IR=T, Zugriffsdatum: 11.11.2016.

Chereshnev, Eveny (2016): Wie ein Chatbot die Weltherrschaft übernimm, https://blog.kaspersky.de/dangerous-chatbot/8539/, Zugriffsdatum: 14.11.2016.

Chip (2014): WhatsApp: So sicher ist die „Super-Wanze" wirklich, http://www.chip.de/news/WhatsApp-So-sicher-ist-die-Super-Wanze-wirklich_67763016.html, Zugriffsdatum: 28.10.2016.

Chip (2016): Nutzen Sie ihn nicht! Whistleblower warnt vor neuem Google-Dienst, http://www.chip.de/news/Google-Allo-Edward-Snowden-raet-vom-WA-Konkurrenten-ab_93996795.html, Zugriffsdatum: 11.11.2016.

Christensen (2008): Christensen, Anne: Virtuelle Auskunft mit Mehrwert : Chatbots in Bibliotheken. Berlin : Humboldt-Univ., 2008. http://www.ib.hu-berlin.de/~kumlau/handreichungen/h222/h222.pdf, Zugriffsdatum: 28.10.2016.

Conrad (2016): Datenschutzrechtliche Bedenken bei Facebook Chatbots, https://www.datenschutz-notizen.de/datenschutzrechtliche-bedenken-bei-facebook-chatbots-2815242/?author_name=cconrad, Zugriffsdatum: 11.11.2016.

eMarketer (2015): Top 3 social messaging apps by country, https://contently.com/wp-content/uploads/2015/06/top_3_social_messaging_apps_per_country, Zugriffsdatum: 28.10.2016.

Der Tagesspiegel (2016): Wenn Menschen mit Maschinen plaudern, http://www.tagesspiegel.de/wirtschaft/chatbots-wenn-menschen-mit-maschinen-plaudern/13429274.html, Zugriffsdatum: 11.11.2016.

FAZ (2016a): Die Bot-Revolution geht los, http://www.faz.net/aktuell/wirtschaft/netzwirtschaft/unternehmen-setzen-auf-chatbots-chancen-risiken-14175914.html, Zugriffsdatum: 13.11.2016.

FAZ (2016b): Privates auf Facebook? Muss nicht sein, http://www.faz.net/aktuell/wirtschaft/netzwirtschaft/der-facebook-boersengang/facebook-nutzer-teilen-weniger-private-beitraege-14172269.html, Zugriffsdatum: 12.11.2016.

Forbes (2016): Kik Battles Facebook With Bots In The New Messaging Wars, http://www.forbes.com/sites/parmyolson/2016/02/10/kik-bots-messaging-facebook-wechat/#72614e9e2571, Zugriffsdatum: 13.11.2016.

GitHub (2016): The python WhatsApp library, https://github.com/tgalal/yowsup, Zugriffsdatum: 12.11.2016.

Fröhlich (2016): Chatbots machen Apps und Websites überflüssig, http://www.internetworld.de/technik/bots/chatbots-apps-websites-ueberfluessig-1118739.html, Zugriffsdatum: 12.11.2016.

Härtel (2016): Rechtliche Erwägungen von Chatbots, http://www.rahaertel.com/2016/06/21/rechtliche-erwaegungen-von-chatbots/, Zugriffsdatum: 12.10.2016.

Heisse (2012): WhatsApp versendet keinen Klartext mehr, https://www.heise.de/security/meldung/WhatsApp-versendet-keinen-Klartext-mehr-1673054.html, Zugriffsdatum: 12.10.2016.

Hegelich (2015): Social Botnets als politische Meinungsmacher in der Ukraine: Big-Data-Methoden zur Analyse von Twitter-Manipulationen, GESIS, Köln, 06.10.2015.

Howard/Kollanyi (2016): Bots, #StrongerIn, and #Brexit: Computational Propaganda during the UK-EU Referendum, COMPROP RESEARCH NOTE 2016.1.

Huber, M. / Weippl, E.: „Guess whos texting you? Evaluating the security of smartphone messaging applications“, in Proceedings of the 19th annual symposium on network and distributed system security, 2012.

ITopnews (2015): Nach Ärger mit Telegram: WhatsApp sperrt offenbar Bot, https://www.itopnews.de/2015/12/nach-aerger-mit-telegram-WhatsApp-sperrt-offenbar-bot/, Zugriffsdatum: 12.10.2016.

Linder, Christian: Avatare: Digitale Sprecher für Business und Marketing., Springer-Verlag, Berlin/Heidelberg, 2003.

NZZ (2016): Die Bots kommen, http://www.nzz.ch/digital/kuenstliche-intelligenz-die-bots-kommen-ld.12254, Zugriffsdatum: 12.10.2016.

Plassmann, Engelbert: Bibliotheken und Informationsgesellschaft in Deutschland : eine Einführung - 2., gründl. überarb. und erw. Aufl., Harrassowitz, Wiesbaden, 2011.

Python (2016): Python Wikipedia Bot Framework, https://pypi.python.org/pypi/pywikibot/2.0b1, Zugriffsdatum: 13.11.2016.

Silicon (2016): Wie Großunternehmen von Chatbots profitieren können, http://www.silicon.de/41626347/wie-grossunternehmen-von-den-chatbots-profitieren-koennen/, Zugriffsdatum: 13.11.2016.

Süddeutsche Zeitung (2016): Microsoft programm tay, http://www.sueddeutsche.de/digital/microsoft-programm-tay-rassistischer-chat-roboter-mit-falschen-werten-bombardiert-1.2928421, Zugriffsdatum: 12.11.2016.

Statista (2014): WhatsApp - Statista-Dossier 2014. Online verfügbar unter: http://de.statista.com/statistik/studie/id/22512/dokument/WhatsApp-statista-dossier-2014/, Zugriffsdatum: 28.10.2016.

Statista (2016): Anzahl der aktiven Nutzer von WhatsApp weltweit von April 2013 bis Februar 2016 (in Millionen), https://de.statista.com/statistik/daten/studie/285230/umfrage/aktive-nutzer-von-WhatsApp-weltweit/, Zugriffsdatum: 12.11.2016.

Steinhau, Henry (2015): WhatsApp: Wie riskant ist der Messagingdienst? http://irights.info/artikel/WhatsApp-wie-riskant-ist-der-messagingdienst/16521, Zugriffsdatum: 28.10.2016.

Tagesschau (2014): Facebook übernimmt WhatsApp, http://www.tagesschau.de/wirtschaft/facebook460.html, Zugriffsdatum: 28.10.2016.

Techradar (2016): How to control a Raspberry Pi using WhatsApp, http://www.techradar.com/how-to/computing/how-to-control-a-raspberry-pi-using-WhatsApp-1315610/2, Zugriffsdatum: 28.10.2016.

The Observer (2016): Why Facebook and Microsoft say chatbots are the talk of the town, 18.09. 2016.

Vodafone (2016): Chatbots für Unternehmen: So funktioniert virtueller Kundenservice, http://blog.vodafone.de/business/chatbots-fuer-unternehmen-kundenservice/, Zugriffsdatum: 13.11.2016.

WhatsApp (2016a): FAQ, https://www.whatsapp.com/faq/, Zugriffsdatum: 28.10.2016.

WhatsApp (2016b): WhatsApp Inc, „WhatsApp“, https://www.whatsapp.com/, Zugriffsdatum: 28.10.2016.

Wolf (2008): Wolf, Sabine: Chatten und chatten lassen: ...was für Dinger? Oder was sind Chatbots eigentlich? Online verfügbar unter http://www.opus-bayern.de/bib-info/volltexte/2008/441/pdf/Vortragausformuliert.pdf, Zugriffsdatum: 28.10.2016.

BEI GRIN MACHT SICH IHR WISSEN BEZAHLT

- Wir veröffentlichen Ihre Hausarbeit, Bachelor- und Masterarbeit
- Ihr eigenes eBook und Buch - weltweit in allen wichtigen Shops
- Verdienen Sie an jedem Verkauf

Jetzt bei www.GRIN.com hochladen und kostenlos publizieren

GRIN